KB188212

기독교인이 불교인을 만날 때

불교의 실상

기독교인이 불교인을 만날 때

불교의 **실상**

• 초판 1쇄 발행 2016년 4월 25일

• 지은이 임원주
• 펴낸이 정형철
• 펴낸곳 도서출판 예하

• 등록번호 제315-2015-000032호
• 등록일자 2015. 5. 8.
• 주소 서울시 강서구 공항대로 59다길 276(염창동)
• 전화 02-2659-7748 • 팩스 02-826-8803

• 정가 4,500원
• ISBN 979-11-957643-0-3

＊파본은 교환해 드립니다.
＊이 출판물은 저작권법에 의해 보호를 받는
  저작물이므로 무단 복제할 수 없습니다.
＊독자의 의견을 기다립니다.
＊sunvision1@hanmail.net

기독교인이 불교인을 만날 때

불교의 실상

임원주 지음

기독교는 영원한 진리의 체계이다. 반면에 불교는 인간이 빚어낸 오류와 착각을 긁어모은 것이다. 기독교의 진리는 창조와 구원의 하나님이 사람의 생명과 실존을 변화시키는 능력과 결부되어 있지만 불교의 진리는 한낱 구도자의 어설프고 무능력한 깨달음일 뿐이다. 구도자의 깨달음은 진리 그 자체도 아니며 진리에 대한 감상일 수 있고 반드시 어떤 결과를 맺는 것은 아니기 때문이다.

도서출판 예하

: 차례 :

생명을 주는 종교,
죽음을 기다리는 종교

1

기독교는 영원과 신비 속에 홀로 왕王이신 하나님이 우리에게 규정하고 요구한 명령과 이에 대한 순종이 하나로 결합한 진정한 종교이다. 즉, 실재하는 하나님이 요구하고 보장한 종교이다. 반면에 불교는 구도자가 자신의 자아의식을 들여다보면서 궁리하여 만들어낸 실험적인 모조품이다. 자기만족적이며 자기기만적인 가짜 종교이다.

기독교는 완전하며 영원불변한 하나님이 선물로 주신 참된 씨앗이 발현하는 순수한 생명과 생명력의 종교이다. 따라서 이 순전하고 완전한 종교에 피조물이 상상하여 덧붙이는 모든 것에 대한 저항을 본질적 속성으로 갖고 있다. 반면에 불교는 부정해서는 안 될 것을 부정하고 체념해서는 안 될 것을 체념하는데서 나오는 끝없는 불안감을 모른 척하려고 부단히 애쓴다. 그래서 온갖 미신들로부터 그럴 듯한 것을 가져다가 쑤셔 넣고 덕지덕지 발라댄다. 즉, 기독교는 원형原形 과

순정한 본질로 회귀하는 개혁을 추구하는데 반해 불교는 온갖 신기한 것을 끌어들여 전혀 다른 것으로 변질한다.

기독교는 궁극적 선善만이 실체이며 선의 부패와 무능력이 악이라고 본다. 선하신 하나님이 홀로 하나님이라는 선善의 일원론이다. 따라서 기독교는 실체를 추구하여 선에 이르는 길이며, 문명과 사회를 건설하고 생산적인 공동체를 만든다. 반면에 불교는 존재하는 모든 것을 사실상 악으로 규정하며, 자아까지도 부정할 것을 요구한다. 불교는 체념과 포기를 부추기며 무위도식하면서 기생할 뿐이다. 살기 좋은 나라를 만든 적이 없고, 그저 무책임하게 도피처를 찾을 뿐이다.

기독교는 영원한 진리의 체계이다. 반면에 불교는 인간이 빚어낸 오류와 착각을 긁어모은 것이다. 기독교의 진리는 창조와 구원의 하나님이 사람의 생명과 실존을 변화시키는 능력과 결부되어 있지만 불교의 진리는 한낱 구도자의 어설프고 무능력한 깨달음일 뿐이다. 구도자의 깨달음은 진리 그 자체도 아니며 진리에 대한 감상일 수 있고 반드시 어떤 결과를 맺는 것은 아니기 때문이다.

기독교 신앙을 순전하게 추구하고 신실한 믿음을 권장하는 것은 창조주 하나님의 주권과 창조 원리를 인정하고 순응하는 것이다. 불신자들일지라도 축복을 받을 행위이다. 반면에 불교를 보호하고 권장하는 것은 세상을 번영케 하는 자연적 이치에 전적으로 역행하는 것이다. 화약을 짊어지고 불속으로 뛰어들거나 멸망의 첩경으로 달려가는 것이다.

기독교는 하나님의 자비를 받은 자들 즉, 구원받은 자들에게 자신들이 받은 축복을 타인들에게 나눠주라고 가르친다. 병을 완전히 고친 건강해진 사람은 다른 사람을 도와줄 수 있다. 반면에, 불교는 구원받을 공력을 쌓기 위해 자비를 베풀라고 가르친다. 이런 자비는 거짓이며 위선이다. 자기만족일 뿐이다. 중병에 걸린 사람이 다른 사람을 불쌍히 여긴다고 해서 병이 나을 리가 없다.

나사렛 예수는 본래 완전하고 영원하고 무한한 창조주

하나님이다. 완벽한 신성체가 완전한 인성人性을 취해, 하나님인 동시에 사람인 존재가 된 것이다. 이것은 사람이 짐승이나 벌레의 탈을 뒤집어쓴 그런 방식이 아니다. 신비적 연합이다. 신성도 완전하고 인성도 완전하며, 신성과 인성이 뒤죽박죽으로 섞이지도 않고, 인성 때문에 신성이 제한을 받지도 않고, 신성 때문에 인성이 전혀 다른 것으로 변질되지도 않는 결합이다. 하나의 독립된 완전한 인격체로 남아있는 결합이다. 신묘막측하다. 반면에 석가모니(고타마 붓다)는 '고타마 싯다르타'라는 한낱 사람으로 태어나 한낱 사람으로 살다가 죽었다. 한낱 사람들에 불과한 존재들이 고타마 싯다르타가 깨달음을 얻었다고 (붓다가 되었다고) 인정하고 신격화한다고 신神이 되는 것이 아니다. 한낱 피조물의 깨달음은 신을 만들어내는 능력을 발휘하지 않으며, 한낱 구도자들에 불과한 피조물들은 다른 사람을 신으로 격상시킬 능력이 없기 때문이다.

나사렛 예수 그리스도는 영원무한한 하나님의 권세로 창조하고 구원하고 심판한다. 반면에 고타마 싯다르타는 고통과 허무함으로부터의 도피를 추구했을 뿐이다. 망각과 체념을 구원이라고 속였다.

나사렛 예수는 전적으로 부패하고 무능력한 피조물에게 베푸는, 하나님의 무조건적 선善이며 하나님의 선善하신 즐거움에서 발원하는 주권적 자비의 실체이며 완성이다. 나사렛 예수는 하나님이 우리에게 주시는 선물이며 우리의 구원이다. 반면에 고타마 싯다르타는 자신의 구원을 찾아 헤맸을 뿐이고 정말 자신을 구원했는지도 알 수가 없는, 한낱 인간일 뿐이다. 고타마 싯다르타가 우리의 구원을 위해 이룬 것은 아무것도 없다.

나사렛 예수 없이는 우리의 어떤 믿음도 헛된 것이며 무의미하다. 우리는 믿음이라는 손으로 나사렛 예수 그리스도를 붙잡고 의지해야 한다. 예수 그리스도는 믿는 우리를 돕겠다고 약속했고, 예수 그리스도로 말미암을 때 아버지 하나님은 우리를 받아주겠다고 약속하셨기 때문이다. 반면에 고타마 붓다는 허상이며 허구이다. 우리에게 어떤 실질적인 것도 약속해주지 않았다. 붓다를 믿어도 소용이 없다.

각자가 득도得道해야 한다. 천수다라니, 옴메니반메홈을 수 천 번 외워서라도 각자 자신의 공력으로 이뤄내야 한다. 붓 다를 믿으면 된다는 것은 후대의 불교가 기독교를 흉내 내 어 꾸며낸 말이다.

자신이 명의名醫인 것처럼 기만해도 자기최면을 걸어도 소용없다. 명의를 만난 척해서도 아무 소용없다. 명의를 만 났더라도 인사말이나 주고받아봐야 아무 소용없다. 고타마 싯다르타는 죽음이라는 중병을 치료하지 못해 죽었다. 육 신을 불태워 그 재를 강물에 뿌린들 죽음을 피하지 못했다 는 진실을 속이지 못한다.

불교는 영생을 꿈꾸지도 못했다. 그래서 불교는 죽음의 종교이다. 살려고 몸부림치다가 결국 죽은 자들의 공동묘 지일 뿐이다. 반면에 예수 그리스도는 전능한 창조주, 완전 한 구속주 즉, 신의神醫이다. 사람은 원래 낙원樂園에서 영 원히 살도록 되어 있었다. 실낙원을 했다. 그래서 복낙원 을 소원한다. 하나님이 우리를 낙원에 되돌려 놓는다. 그 래서 기독교는 생명의 종교이며 구원 즉, 회복과 복구의 종교다. 영원한 생명을 선물 받아 살아난 자들의 종교다. 영원한 생명과 희락의 나라로 들어가는 문이다.

불교는 깨달음을 추구하고 해탈을 꿈꾸자고 말하지만, 오늘을 살아가는 인생의 존재와 실체에 대해서는 어떤 해결책도 주지 못한다.

오늘의 생명과 삶을 놀랍도록 변화시켜 줄 수 있는 도리와 능력을 주지 못한다.

결국, 불교는 죽음을 극복하지 못한다.

죽음을 초연하게 받아들이는 자세를 연습하며 죽음을 기다릴 뿐이다. 결국 불교는 죽음의 종교화일 뿐이다.

불교에는 영원한 생명,
영원한 진리가 없다

2

오직 기독교만이
참된 종교이다

　　　　　　　　기독교를 '종교'宗教라고 말할
때 '宗教'라는 한자는 '최고의 가르침' 혹은 '최고의 종교적
가르침'이라고는 뜻이다. 그런데 라틴어 '릴리지오'religio를,
영어단어 '릴리전'religion으로 옮긴 것은 글자만 영어식으
로 약간 바꾼 것이기 때문에 의미가 왜곡될 여지는 지극히
적다는 점에서 정확히 번역한 셈이다. 그러나 라틴어 '릴
리지오'를 한자어 '종교'라고 번역한 것은 제대로 된 번역
이 아니다. '릴리지오'라는 단어가 본래 무엇을 가리켰는지
를 '宗教'라는 단어에서는 조금도 단서를 찾을 수 없을 뿐
만 아니라, 최고의 가르침'이라고 할 때에도, '최고'의 기준
은 무엇인가? 누가 그 기준을 세우는가? 모든 최고의 가르
침을 모은 것이 종교인가?와 같은 의문을 해소해주지 못한
다. 구원과 내세를 다루는 종교에서, 궁극적 및 절대적 구

원과 관련이 없더라도 단지 현세에 속한 최고의 가르침이
라고 간주되는 것들을 수집한 것이 종교가 아니다.

참된 종교는 신비의 장막을 넘어 우리에게로 다가와 우
리를 압도하는 것이다. 종교는 인간의 능력을 완벽하게 벗
어난 불가해不可解하고 형언할 수 없는 영역에서 우리에게
로 다가오는 신적 존재에 대해 우리가 당연하게 갖춰야 할
태도 및 자세를 포함한다. 따라서 우리가 파악한 최고의 것
만으로는 참된 종교의 실체를 알 수 없다.

정말이지. 기독교만이 유일하게 참된 종교이다. 기독교
는 실재하는 하나님의 존재 그 자체에 뿌리를 두었기 때문
에, 그리고 여전히 광대무변한 진리의 영역과 신비로움 속
으로 사람을 이끌어주기 때문에 '종교'이다. 기독교가 가르
치는 교훈은 하나님이 가르치는 진리와 그 진리에 뿌리를
둔 것들이다. 반면에 창조주 하나님의 말씀인 66권 성경을
벗어난 종교들이 추구하는 진리들은 전적으로 피조물에서
나온 것들이며, 피조세계의 영역에 한정된 것들이다. 그러
므로 기독교 이외의 종교는 영원한 참된 진리가 아니라 하
나님이 피조물에게 새겨놓은 창조질서에 대한 희미한 묘사

에 불과하다. 손으로 만든 모사품이 아니라 하나님이 자기 손으로 자신의 품안에서 꺼내 우리에게 선물로 준 진리, 그리고 그 진리체계를 통해 구축된 종교가 기독교이다. 그래서 기독교는 독보적인 계시종교이며, 진리의 종교이다.

> 태초에 말씀이 계시니라 이 말씀이 하나님과 함께 계셨으니 이 말씀은 곧 하나님이시니라……말씀이 육신이 되어 우리 가운데 거하시매 우리가 그 영광을 보니 아버지의 독생자의 영광이요 은혜와 진리가 충만하더라 _요 1:1, 14

일반적으로 일컬어지는 대로, 종교란 사람들이 인정하는 '종교적 진리들'을 모아서 만든 것이며, 기독교 역시 이렇게 만들어낸 종교 가운데 하나라고 간주하는 것은 유한한 인간들의 착각이다. 영원한 하나님 그 자신이 사람에게 다가온, 하나님 그 자체는 완전히 알 수 없어도 우리는 이생에서 그 영광의 광채를 바라볼 수 있게 된, 우리에게 주신 '영원한 생명'에 대해 듣고 눈으로 확인하고 손으로 만질 수 있게 된(요일 1:1-2), 그래서 사용할 수 있게 된, 그런 것이 기독교에만 있기 때문에 기독교만이 유일하고 참된 종교이다.

> 구원의 투구와 성령의 검 곧 하나님의 말씀을 가지라 _엡 6:17

그렇다. 라틴어 '릴리지오' 혹은 영어 '릴리전'은 우리에게 다가오시고 우리에게 예배를 요구하시는 영존하시는 하나님 앞에 우리가 마땅히 그리고 합당하게 갖춰야 하는 완전무장한 자세, 전투태세 완비의 개념을 포함한다. 사람들이 자신들의 취향과 기질에 따라 만들어낸 종교라는 동양적 관점과는 본질적으로 다르다. '릴리지오'의 어원을 '다시'라는 의미의 접두사 re 와 '선택한다' 혹은 '획득한다'라는 뜻의 'lego'를 결합한 단어에서 나왔다고 보든지 아니면, '다시'라는 접두사와 '연결하다' ligare 를 결합한 단어에서 나왔다고 보든지 간에, '릴리지오' 혹은 '릴리전'은 죄인이었던 인간이 영원한 하나님과 재결합하는 것 혹은 이와 결부된 진리 및 그 체계이다.

종교의 본질은 신神과의
합일合一에 있다

'거룩하라'는 명령(레 11:45, 벧
전 1:16), 대제사장이 성소에 나갈 때 '여호와께 성결'이라는
금패를 붙인 관을 머리에 써야 하는 것(레 28:36, 39:30), 누
가가 복음의 핵심을 설명할 때 '잃었다가 찾은 양'의 비유,
'잃었다가 찾은 드라크마'의 비유, '잃었다가 찾은 아들'의
비유를 누가복음 15장 한 장에 집중시킨 것, 개신교가 교리
의 무게중심을 칭의와 성화에 두는 것, 하나님과 그리스도
와 죄인 사이에 맺어진 구원의 관계를 요한복음 15장의 비
유에 기초해서 '신비적 연합'이라고 하는 것 등등은 기독교
라는 '종교'는 진리 그 자체만이 아니라 죄인을 하나님 앞
에 서게 하는 능력과, 하나님 앞에 선 죄인의 '거룩한 경건'
까지도 포함한다는 것을 드러낸다. 이런 까닭에 기독교를
'구원의 종교,' '말씀의 종교,' '회복의 종교'라고 부르고,
'생명의 말씀'(행 5:20) '화평의 복음'(행 10:36) '구원의 말
씀'(행 13:26) '구원의 복음'(엡 1:13)이라고도 한다. 기독교
의 구원은 '진리의 말씀'에서 나오고, '들음'에서 나온다. 이

런 종교는 기독교뿐이다.

석가모니는 신神이 된 적도
신과의 합일을 가르친 적도 없다

불교의 교조敎祖 석가모니는 자신을 우주의 창조자라고 선언한 적이 없다. 사람보다 특별히 우월한 존재가 되었다고 선언한 적도 그러한 존재가 어떤 존재인지를 가르친 적도 없다. 이것은 결코 겸손이 아니다. 석가모니의 가르침은 종교 즉, 진리가 아니라는 증거이며 오늘날 우리가 아는 종교 불교는 석가모니와 상관이 없다는 방증이다. 석가모니는 고대(B.C. 6세기 혹은 B.C. 5세기)에 네팔 남부의 카필라 왕국에서 '슈도다나'와 '마야'의 아들로 태어난 '고타마 싯다르타'라는 보통 사람이었다. 35세에 깨달음을 얻어 '붓다'부처가 되었지만 여전히 사람이었다. '고타마 싯다르타'를 어떻게 묘사하든 사람으로 태어나 사람으로 살다가 사람으로 죽었다는 점에서는 변함이 없다. 고통의 바다에, 고통을 피할 수 없는 한낱 '사람'으로 태어나 16세에 아쇼다라와 결혼했다. 아들 '라훌라'를 낳고

살다가 29세에 가정을 버리고 도망쳐 떠돌다가 80세에 죽을 잘못 먹고 설사를 하다가 '쿠시나가라'에서 죽었다. 우리와 똑같은 사람이었다.

고타마 싯다르타가 설령 진리아트만를 보았고 '다르마'Dharma 에 합일合一 했고 후대의 불교가 이 '다르마' 즉, 법을 '진리'라고 번역하고 제아무리 강조한들 고타마 싯다르타의 가르침과 삶은 종교의 출발점이 될 수 없다는 실상에는 변함이 없다. 진리가 있다는 말 이외에도 진리가 무엇이라고 구체적으로 말했어야 했다. 고타마 싯다르타가 가르친 것은 진리에 도달할 수 있다고 자기 나름대로 생각해낸 '방법론'이다. '열반' 그 자체를 가르친 적도 없다. 불교의 궁극적 목적인 '열반'니르바나은 존재의 완전한 소멸 즉, 회신멸지灰身滅智 의 경지인데 모든 존재가 완전히 소멸된 이 세계는 실재하는 세계인지 도대체 어떻게 존재하는 것인지를 가르치지 않았다. 열반에 도달할 수 있는 방법이라면서 수식관數息觀. 아나파나사띠이라는 호흡법을 가르쳤다.

주문을 반복해서 외우는 것은
종교가 아니다

불교의 교조가 진리 그 자체를 말한 적이 없고 단지 진리에 도달하는 수행방법의 원칙만을 가르쳤다면, 수식관이라는 방법론만이 '불교'라는 종교이다. 이 수식관에서 벗어난 일체의 가르침은 진짜 불교가 아니다. 최초로 결집된 불교 경전을 비롯하여 '팔만사천'에 달한다는 법문은 모조리 가짜이며, 〈숫타니파타〉〈자카타〉〈부모은중경〉〈미린다왕문경〉 등은 그럴듯한 처세훈들을 수집해서 편집한 설화집에 불과하다는 결론을 피할 수 없다.

사람들이 지어낸, 그럴듯한 교훈에 붓다를 주인공으로 등장시키거나 붓다의 깨달음이라는 식으로 덧칠한 문학작품일 뿐이다. 힌두교 주문(다라니)을 모아 '천수경'이라는 이름을 붙여 불교경전으로 삼고 무작정 반복해서 외워 쌓는 '공력'으로 소원성취를 기대하는 것은 붓다가 금한 것이 아닌가? 그런데도 오늘날 대승불교라는 미명으로 이렇게 행한다. 주문을 반복해서 외우는 것은 종교가 아니라 '미신'

일 뿐이다.

기독교의 경전인 성경에는 예수가 병자를 고친 장면이 묘사되어 있다. 과연 그 장면을 믿으면 기독교인이 되는가? 구원받는가? 예수가 기적을 일으켜 병을 고친 장면을 믿는다고 해서 오늘날 우리에게도 기적적인 치유가 일어나는 것이 아니다. 기적을 행한 예수는 지금도 살아계시며 역사하는 영원한 하나님이기 때문에, 그 영원한 능력이 우리를 구원하기 때문에, 우리가 예수 그리스도를 나의 하나님, 나의 구세주로 믿기 때문에, 즉 예수 그리스도 때문에 구원받는다. 성령 하나님의 역사를 통해, 믿음으로 말미암아, 하나님이신 예수 그리스도를 만나고 그 예수를 통해 하나님의 구원이 성취되기 때문에 기독교는 종교이다. 성경 말씀은 하나님이 사람에게 구원을 주는 통로로서의 계시이기 때문에 기독교는 계시종교이다.

그러나 고타마 싯다르타의 일대기는 무슨 신통력을 갖고 있기에 경전인가? 그 일대기를 읽으면 구원을 받는다고 고타마 싯다르타가 선언했는가? 붓다가 붓다를 믿기만 하면 구원받는다고 말한 적이 있는가? 붓다가 기적을 행하면서, 이런 기적을 행하는 붓다는 어떤 존재인지 깨닫고 믿어야 한다고 직접적으로 선언한 적이 있는가? 신통력을 발휘하는 '붓다'를 신봉하자는 말이 등장하는 것은 아무리 빨라야 A.D. 2세기 전후가 아닌가? 사람으로 죽은 고타마 싯다르타가 자신의 의지와는 상관없이, 죽은 지 수백 년 뒤에 신격화神格化 되었다면 이는 후대에 만들어진 '미신'에 불과하다. 고타마 싯다르타가 죽은 지 수백 년 뒤에 산더미처럼 만들어진, 그리고 아직도 만들어지고 있는 불경은 그럴듯한 처세술과 우화를 모아놓은 종교문학 전집일 뿐이다. 여기에서 나오는 것은 자기만족일 뿐 결코 구원이 아니다.

석가모니는
아무것도 몰랐다

3

본래적으로 하나님이신
예수 그리스도

예수는 사람으로 태어났지만 본성적으로, 전지전능하며 영원한 하나님이다(빌 2:6-7). 잃은 자들을 찾기 위해(눅 19:10), 대속의 죽음을 죽기 위해(마 20:28), 사람으로 태어났다. 이에 대해, 예수가 탄생하기 8백 년 전에 선지자 이사야가 정확하게 예언했다.

> 이는 한 아기가 우리에게 났고 한 아들을 우리에게 주신 바
> 되었는데 그 어깨에는 정사를 메었고 그 이름은 기묘자라,
> 모사라, 전능하신 하나님이라, 영존하시는 아버지라, 평강
> 의 왕이라 할 것임이라 _사 9:3

영원한 하나님의 본성을 그대로 가지고 있는 예수 그리스도는 죄사함의 권세(마 9:6), 영원한 진리(롬 1:25, 요이

1:2), 영원한 아버지(살후 2:16), 하나님 나라(막 10:14-25), 영원한 나라(벧후 1:11), 영원한 구원(히 5:9)에 대해 가르쳤다. 예수 그리스도는 자신이 누구를 위해 죽을 것인지, 누구를 위해 구원을 성취해야 하는지를 정확하게 알았다.

석가모니는 단지
사람이었을 뿐이다

1) 붓다는 종교의 근본문제를 몰랐다

초기 불경(중아함경, 잡아함경)은 붓다가 모르고 대답할 수 없는 14가지 문제가 있다고 분명하게 가르친다. 불교에서는 '십사무기'+四無記 라고 하는 이 문제는 다음 네 가지로 압축된다.

- 우주는 영원한가 영원하지 않은가
- 우주는 유한한가 무한한가
- 자아와 육체는 동일한 것인가 별개의 것인가
- 여래如來 는 육체가 죽은 뒤에도 존재하는가 존재하지 않는가

이 문제들은 본질적으로 창조주 하나님 이외에는 대답할 수 없는 것들이다. 우주의 본성과 존재, 영원성과 시간성, 유한성과 무한성, 사후의 존재에 관한 이러한 의문에 답하지 않는다면 그것은 종교가 아니다. 구도자求道者일 뿐이며 학습자일 뿐이다.

고타마 싯다르타를 석가여래釋迦如來라고도 하는데 '여래'는 '여' 즉, 진리 그 자체에게로 건너갔다가如去 우리에게 건너온 자如來라는 뜻이다. 그러므로 명실상부한 '석가여래'라면 진리 그 자체, 우주와 우리의 관계, 영원성과 유한성, 구원과 내세에 관해 강론했어야 한다. 그런데 고타마 붓다는 이렇게 하지 않았다. 그렇다면 불교의 우주론, 신성의 세계, 육체의 죽음과 그 이후를 논하는 〈화엄경〉〈법화경〉〈열반경〉 등의 내용은 어디에서 왔는가? 이 불경들은 불경을 처음 문자화한 B.C. 3세기의 빠알리 삼장에도 나타나지 않았다. 고타마 붓다가 말하지 않았고, 원시 불경에도 없다. 고타마 붓다가 죽은 지 500년 이상 지난 뒤에 나타난 경전들이다.

2) 붓다는 진리를 몰랐다

골목길을 따라가면 큰 길이 나온다고 말하기는 쉽지만 막다른 골목이 얼마나 많은가? 도착지점을 다녀온 사람이 도착지점을 정확하게 가르쳐주지 않는다면 사람들은 각자 소견대로, 제멋대로 엉뚱한 곳으로 갈 뿐이다. 목적지를 정확하게 안다면, 똑바로 걷는 방법만이 아니라 목적지까지 정확하게 말해주는 법이다. 그런데 붓다는 이런 식으로 하지 않았다. 만일 자신이 진리와 합일했다면 자기 자신에 대해서라도 말했어야 한다. 그런데 붓다는 말해주지 않았다. 이 때문에 불교에는 진리를 발견했다는 주장들이 난무하고 세월이 흘러갈수록 불경의 수는 무지막지하게 늘어만 갔다. 그러나 정녕 진리는 없다. 갖가지 설說이 난무해도 이뤄지는 것은 아무것도 없다. 붓다가 몰라서 가르치지 않은 것을 후대에 어떻게 알게 되었고, 후대의 그 깨달음이 붓다의 깨달음과 같은 것인지를 어떻게 알았기에, 붓다의 가르침이라고 용감무쌍하게 추가하고 경전을 늘려온 것일까? 답이 없고 변명만 많다. 그리고 뭇 중생은 여전히 헤멘다.

3) 붓다는 자신이 신격화 될지 몰랐다

고타마 붓다는 자신은 해탈했기 때문에 자신은 죽으면 완전히 없어질 것이라고 생각했다. 붓다가 열반에 들어갔다면 그 존재의 모든 것이 완전히 없어진 것이다. 촛불이 꺼지고 연기가 사라지듯 없어진 것이다. 쇠를 끌어당기는 자력磁力 을 가진 자석磁石 을 완전히 없애버렸다고 생각해보라. 자석을 없애면 그 자석의 자력도 함께 없어진다. 자력이 남아 있다면 자석은 없어지지 않은 것이다. 마찬가지로 부처가 열반에 들어갔다면 부처는 없어졌어야 하고 부처의 공력도 없어졌어야 한다. 우리의 세계와 별개로 존재하고, 이쪽에서 저쪽으로 건너가듯 건너간다면 완전한 의미의 열반이 아니다. 신神 조차 존재할 수 없는, 존재조차 존재할 수 없게 된 상태를 가리키는 것이 열반이다. 열반은 결코 어떤 '곳'이서는 안 된다.

그런데 불교도들은 종종 열반을 어떤 '곳,' 심지어 좋은 세상이라고 가르친다. 붓다가 열반에 들어가 그 '곳'에서 여전히 존재를 유지하고 있다고 가르친다. 이렇게 불교도들이 부처에 대해 신앙심을 품고 '부처의 공덕'을 의지하거나 '부처'를 붙잡는 것은 붓다를 배반하는 것이다. 이처럼 붓다를 배반한 불경 가운데 하나가 대승불교의 〈열반경〉이다. 〈열반경〉은 붓다의 육신은 법신法身 즉, 진리 그 자체를 몸으로 한 것이기에 영원불멸하다고 가르친다. 열반을 '입멸'入滅이라고 가르치는 입장과, '영원불멸'이라고 가르치는 입장은 결코 양립할 수 없다. '적멸'이 불교의 사상이라면 이와 정반대인 '영원불멸'의 존재는 불교일 수가 없다. 그러므로 붓다 혹은 붓다의 공력이 영원불멸하다는 주장은 불교가 아닐 때 할 수 있는 말이다.

대승불교의 〈열반경〉은 빠알리어 원본도 없고 산스크리트어 원본도 없다. 한자본과 티벳어본만 있다. 〈열반경〉은 부처가 죽은 지 800년 쯤 뒤에 붓다의 죽음을 신격화하기 위해 만들어낸 불경이다. 오랜 세월 고행하느라 피골이 상접한 80세의 늙은 수도자가 상한 죽을 먹고 설사를 계속하다가 탈진해서 죽었고 그 육신을 재灰로 만들어 뿌렸다는 역사적 사실이 있는데도, 수백 년 뒤에 이 죽은 수도자의 육이 영원불멸하다고 가르친 것이다. 도대체 붓다가 신이 된다는, 붓다조차 상상할 수 없었던 이 생각은 어디에서 왔을까?

붓다를 신격화한 〈열반경〉이 나왔다는 것은 붓다의 불교는 이미 없어졌다는 것을 의미한다. 〈열반경〉은 원시불교가 이미 외래종교의 강력한 영향을 받아 '밀교'로 변질된 뒤에 나왔다. 교주와 그 제자들이 신통력을 발휘한다는 발상은 사실상 기독교의 경전에서 나온 것이라고 볼 수밖에 없다. 불교는 이미 오래 전부터 여러 경로를 통해 기독교의 중요한 개념들을 받아들였다고 볼 수밖에 없다. 불교가 중국에 들어와서는 도교의 영향을 받은 탓에 승려는 도사의 이미지까지도 덧입었다. 귀신을 쫓아내고 부적을 그리더니 주역을 공부해서 사주팔자와 풍수지리에도 능통해진다. 저급한 주술과, 근거를 알 수 없는 종교행위들을 마구잡이로 수집해서 채용하는 "습합"이라는 속성이 있다. 석가모니의 신격화 역시 타종교를 모방한 것이며, 석가모니는 이렇게 될지 몰랐다.

불교의 무소유_{無所有}는
거짓이다

기독교는 나눔과 베풂을 가르친다

성경의 하나님은 축복의 하나님이다. 전능한 창조주이기 때문에 모든 재물과 부의 근원이며, 택하신 자들을 거부巨富로 만들어줄 능력이 완전한 하나님이다. 하나님은 아브라함과 롯과 이삭(창 26:12-13) 그리고 다윗(삼하 5:10-12)을 축복했을 뿐만 아니라 열방이 받을 축복의 근원으로 만들었다. 나아가서 하나님은 자신이 부여한 축복을 다른 사람들에게 조건없이 나누라고 명령한다(신 15:12-14). 하나님의 말씀에 순종하는 것이 부국강병과 형통한 축복의 비결이다(신 28:2). 이처럼 기독교는 축복과 풍요의 종교인 동시에 나눔과 베풂의 종교이다.

사도행전 2장~5장은 초대교회가 나눔과 베풂의 정신을 '무소유'의 경지에 이르기까지 실천한 모습을 잘 보여준다. '무소유'는 자신이 받은 축복을 가난한 이웃에게 나눠주고 자신은 가난에 시달리는, '자발적 가난(청빈)을 철저하게 실천하는 삶'을 가리킨다고 볼 수 있다. 기독교 역사에는 이러한 '무소유'적 정신을 실천한 삶에 대한 이야기가 무수히 많다. 20세기에도 "자발적 청빈"의 실천을 강령으로 하는 교단들이 세워지기도 했다.

기독교는 합법종교가 되어
무소유(자발적 청빈)를 제도화했다

                     A.D. 4세기 초 콘스탄티누스 황제가 기독교를 합법종교로 공인公認한 것은 기독교 역사에서 중대한 전환점이다. 불법종교였던 기독교를 탄압하는 것이 로마를 향한 충성심을 나타내는 시절이 끝났다는 것 이상으로, '자발적 청빈의 제도화'라는 측면에서 매우 중요한 의미가 있다. 콘스탄티누스의 조치로 교회는 법인격法人格을 갖게 되었다.

   교회가 법인격을 갖기 전에는, '교회'는 불법단체였을 뿐이다. 따라서 교회는 교회 자체의 재산을 소유하고 처분하고 상속을 받지 못했다. 반드시 어떤 자연인의 사유재산일 뿐이었다. 마가의 다락방에서 시작한 예루살렘 교회는 로마 법률에 따르면 단지, 마가 집에 모인 불법 종교집회일 뿐이고 교회의 재산과 기물은 마가의 소유물에 불과했다.

예루살렘 교회가 사용하기 위해 건물 혹은 기물을 임대하거나 매입하려면 '교회'가 아닌 누군가의 이름으로 구입하고 등기해야 했다. 자연인만이 등기권자가 되고 소유권자였다. 이 권리를 상속받은 사람은 언제든지 이 권리를 행사할 수 있었다. 교회재산 전체가 사적 소유물로만 존재하고, 어떤 누구도 교회재산을 교회의 것이라고 주장할 수 없었다. 세속 권력자가 어떤 개인의 사유재산이 불법종교에 사용되었다는 빌미로 교회재산을 몰수하는 것은 지극히 합법적인 행위였다. 콘스탄티누스 황제가 기독교를 합법종교로 공인하고 법인격을 갖도록 해주기까지 장장 3백 년을 이 상태로 흘러갔다.

이 상태를 지속한다고 가정해보자. 어떤 사람이 죽기 전에, 좋은 일에 써달라고 교회에게 맡긴 재산은 훗날 어떻게 될까? 교회에 땅을 기증해서 교회를 건축했는데 기증자의 후손들이 땅을 돌려달라고 요구하면 어떻게 될까? 권력자들이 교회를 탄압하고 교회지도자들을 죽이거나 추방한 뒤에 무주공산이 된 막대한 재산을 사유화하는 일은 비일비재했다. 16~17세기 종교개혁 시대에도, 그리고 한국에서도 이런 일이 수시로 일어났다.

콘스탄티누스 황제가 교회에 법인격을 부여한 조처는 이 악폐를 차단하는 매우 중요한 제도적 안전장치였다. 영적 실체인 교회를 세속적 제도에 의존하는 것은 잘못이라고 비판하는, 영성지상주의적 관점과 현실 사이에는 괴리가 있다는 점을 고려해야 한다. 학교법인이 없다면 학교는 정말 지독하게 사유화된 사업체가 되었을 것이다. 회사법인이 없다면, 이사회라는 것이 없다면, 기업은 어떻게 될 것인가? 병원의 이윤추구를 금지하는 현재의 의료법인조차 아예 없다면 병원과 의학은 얼마나 철저하게 사익을 추구하는, 사적인 치부수단이 될 것인가?

그렇다. 우리는 콘스탄티누스 황제가 왜 교회에 법인격을 부여했느냐, 그 유익이 무엇이냐는 관점에서 바라볼 필요가 있다. 유럽의 장구한 역사 속에서 교회의 이 법인격이 얼마나 놀라운 기능을 발휘했는지를 살펴봐야 한다. 기독교가 유럽 문명화의 중심이었다면, 교회가 도서관과 대학과 연구기관의 역할을 효과적으로 수행하고, 야만족들을 문명화할 수 있었다면, 그것은 법인격을 가진 교회 때문이었다고 단언해도 결코 과언이 아니다.

'무소유'를 실천하는 '자발적 청빈'은 법인격을 가진 교회 때문에 제도적 안정성과 효과를 극대화할 수 있었다. '무소유'를 실천할 개인은 막대한 재산을 안심하고 교회에 기탁할 수 있었다. 교회에 막대한 재산을 기부하여 도서관, 대학, 고아원, 연구소를 세우고 영속시킬 수 있게 되었다. 교회가 법인격을 가지고 있었기 때문에, 바이킹의 습격으로 교회가 불타고 수도원이 폐허가 되고 오랜 세월 방치되었다가도 그 땅을 되찾아 교회를 다시 세우고, 문명을 다시 일으킬 수 있었다. 이런 점에서 콘스탄티누스 황제는 교회의 영속화에 지대한 공헌을 했다. 로마제국이 멸망함으로써 로마법에 따른 법인격은 사라졌으나 로마법을 계승한 서양법체계는 사실상 동일한 원리와 전통을 계승 발전시켰다. 기독교는 이렇게 제도화된 법인격의 틀이 있기에 보다 안정적으로 '무소유'를 실천한 역사를 가지고 있다. 실은,

이 점에서 '불교'라는 종교단체도 그다지 다르지 않다. 하지만 대중의 뇌리에 각인된 편견은 무소유는 오직 불교만의 고유한 정신이라는 착각이다.

무소유는 붓다의
가르침이 아니었다

1976년 4월 15일 범우사는 법정法頂이 쓴 『무소유』라는 책을 출간했다. 나는 이 책의 본문에 있는 마하트마 간디가 1931년 9월에 마르세이유 세관원에게 했다는 "나는 가난한 탁발승托鉢僧이오. 내가 가진 거라고는 물레와 교도소에서 쓰던 밥그릇과 염소젖 한 깡통, 허름한 요포腰布 여섯 장, 수건, 그리고 대단치도 않은 평판評判 이것뿐이오"라는 유명한 대목을 읽으면서 불교의 무소유는 정말 철저하다고 생각한 적이 있었다. 착각이었다. 간디는 힌두교도였다.

법정은 1990년대에 원시불경 〈숫타니파타〉를 한글로 번역하여 대중화시켰다. 〈숫타니파타〉는 붓다의 설법을 모아놓은 것으로, B.C. 3세기 이전에 성립되어 빠알리 삼장에

편입된 불경이다. 이 불경에 저 유명한 '무소유'와 '무소의 뿔처럼 혼자서 가라'라는 말이 나온다. 이 때문에 무소유는 붓다의 핵심사상이며 불교의 정신이라는 착각은 더욱 깊어진다.

법정은 무소유의 상징이 되었고, 불교는 무욕과 무소유의 종교라는 강력한 이미지가 대중화되었다. 김영한이라는 여인은 1997년 무렵에 1천억 원대 달하는 7천여 평의 대지와 임야를 포함한 유명한 고급요정이었던 '대원각'을 법정을 통해 불교에 헌납했다. 대원각은 길상사라는 사찰이 되었다. 이 때문에 김영한과 법정은 죽을 때까지 그리고 죽은 뒤에도 무소유를 실천했다는 칭송을 받는다.

불교를 무소유의 종교라고 하지만 신라시대부터 조선시대를 거치는 동안 왕실과 귀족들로부터 막대한 토지와 부를 기증받았다. 여전히 엄청나게 보유하고 있는 부를 사찰 소유 혹은 유지재단에 넣어두고 법적으로 승려 개인은 아무것도 소유하지 않는 형태다. 하지만 승려는 그 부와 사찰을 관리하면서 부를 향유한다. 기독교의 교회와 수도원은 자체가 보유한 막대한 재산을 통해 민중을 계발하고 국가와 사회에 인재를 공급해주는 학교, 도서관, 연구소, 병원의 역할을 수행한 역사가 매우 깊다. 유럽의 대학제도와 무료 교육은 사실상 그 뿌리가 교회에 있다. 즉, 서양 문명은 기독교라는 요람에서 돌봄을 받으며 성장했다. 하지만 불교의 막대한 재산은 오로지 승려들만의 전유물이었다.

법정을 잘 아는 변택주는 『법정, 나를 물들이다』(큰나무, 2010)를 출간하면서 법정의 저술 의도는 말 그대로 '무소유의 삶'이 아니라 '나눔의 삶'이라고 밝혔다. 대중은 '무소유'라는 문자에 치중해서 법정을 오해한 것이고 붓다의 가르침을 곡해했다고 역설했다.

붓다는 부자가 되라고 가르쳤다. 부자가 되는 법에 대한 붓다의 설법을 모아두었다는 불경도 있다. 〈원각경〉과 〈선생경〉이 그것이다. 2011년에는 『부처님께 듣는 부자 되는 비법』이라는 책이 출간되었다. 이 책에서 붓다가 가르친 부자 되는 비법을 여덟 가지로 정리하는데 자기 분야에서 최고가 되라, 자신의 능력을 객관적으로 진단하라, 빚을 지지 말라는 등이다. 결론적으로, 열심히 일을 해서 돈을 많이 벌은 뒤에 나누며 살라는 것이 부처의 뜻이란다.

스리랑카의 승려 '바스나고다 라훌라'는 『무소유로는 행복해질 수 없다』(이나경 역, 아이비북스, 2010)라는 책에서 훨씬 더 노골적으로 말한다. 이 책의 본문 첫 머리는 "일상의 행복이나 성공은 아무런 가치도 없으므로 속세의 쾌락을 끊어버리고 오직 영적인 행복만을 추구하라고 가르친다는 것"은 "불교 경전에 대한 여러 연구를 통해……모두 오해라는 증거들이 밝혀지고 있다"라고 선언한다(21쪽).

사실상 불교는 '무소유'의 종교가 아니다. 대중에게 세속적 부를 추구하게 만들고 반면에 승려는 세속에 편승하고 기생하는 종교였다. 그런데 붓다는 신자들을 부자로 만들어준다고 약속하지도 선언하지도 않았다. 붓다에게는 이럴 능력이 없었다. 부자는 각자의 능력으로 되어야 하고 부자가 안 되어도 어쩔 수 없는데, 부자가 된 사람은 그 부를 내놔야 한다고 가르쳤을 뿐이다. 붓다는 부자에게 그 부를 나누며 살라고 가르쳤다. 이것은 도덕적으로 옳은 길이지만 이렇게 말할 도덕적 권위가 붓다에게 있는가? 오늘날에는 불교가 '무소유'라는 것을 가르치는 까닭에 의문을 갖는다.

윤회, 체념, 그리고
순응의 종교화

믿음은 내세뿐만 아니라
현세에서도 운명을 바꾼다

성경은 저주와 파멸을 피할 수 없는 인간이 하나님의 생명, 하나님의 축복, 하나님의 권세에 참여하는 '길'에 관한 계시이다. 야곱은 셋째 아들 레위를, "저주를 받을 것이라 내가……이스라엘 중에서 흩으리로다"라고 저주했다(창 49:5-7). 이 저주는 레위만이 아니라 레위의 후손 전체에게 주어졌다. 그러나 레위 자손은 하나님의 명령을 철저히 순종하여 축복을 받았다(출 32:27-29, 민 8:14-26, 신 10:8). 야곱의 저주는 그대로 성취되었으나 하나님은 야곱의 저주를 축복으로 바꿔 성취시켰다(신 14:27-29). 이것이 참 하나님을 믿는 자가 누리는 축복이다. 믿음의 권세, 믿음의 능력은 운명을 근본적으로 바꾼다.

이처럼 기독교는 건축가들이 쓸모없다고 버린 돌을 영광스럽고 보배로운 산 돌로 변혁시키는 하나님의 능력에 대한 증언이다. 하나님의 백성이 아니었던 자들을 하나님의 백성으로, 하나님의 자비를 받지 못하던 자들을 자비를 받은 자들로, 아무 대가없이 바꿔준 그래서 그 이후의 인생과 운명이 철저하게 바꿔놓은 예수 그리스도의 권능과 미덕에 관한 증언이다(벧전 2:7-10). 어둠을 빛으로 만든 능력에 관한 그리고 그 능력을 덧입은 자들에 관한 이야기이다(창 1:4, 사 45:7, 요 8:12, 행 26:18, 엡 5:8, 살전 5:5).

불교는 절망에서 체념으로 끝난
인생철학일 뿐이다

　　　　　　　　　　고타마 싯다르타는 절망했다. 자신과 자신을 둘러싼 현실에 대해 절망했다. 일국의 왕자 고타마 싯다르타가 백성들을 고통에서 해방시켜주기 위해 할 수 있는 것은 없었다. 결국 이 현실에서 도망쳤다. 게다가 존재하는 것 자체가 고통이며 일체의 원인에서 벗어날 수 없다는 힌두교브라만교의 교설敎說에서 평생 벗어나지 못했다. 깨달음을 얻어 붓다가 된 뒤에도 백성을 위해 할 수 있는 일은 없었다. 모국이 멸망당할 때에도 체념하고 바라

볼 수밖에 없었다. '번뇌를 끊으라'라는 가르침 속으로 도 망쳤다. 생활고에 시달리며 계급적 차별에 시달리는 하층 민과 불가촉천민들에게는 불가능한 요구였다. 붓다는 마가 다 왕국의 국왕 '빔비사라'의 적극적인 후원을 받아 포교활 동을 했다지만 아무나 불제자로 받아주지 않았다.

붓다의 불교는 사실상 브라만교힌두교를 그대로 모방한 힌두교였다. '윤회'와 '해탈' 그리고 '열반'은 붓다의 고유한 가르침이 아니라 인도 민중에 뿌리를 둔 모든, 인도 종교 에 공통적인 관념이다. 인도의 민중들이 윤회, 해탈, 열반 을 입에 올리며 옳다고 받아들이니 고타마 싯다르타도 그 게 맞는 것이라고 믿었던 것이다. 절대적 진리에 대한 파악 도 현실에 대한 돌파와 초극超克 도 없었다. 단지, 고대 인도 의 현실에 대한 체념적 순응뿐이었다. 결국 붓다는 온갖 교 설敎說이 뒤죽박죽이 되고 온갖 주술 및 미신을 끌어들여 융합하는 기회를 만들어놓은 셈이다.

'윤회'는 어떤 누구도 현세계의 고통을 벗어나지 못한다 는 뜻이다. '해탈'과 '열반'은 인과관계로 얽매인 자연법칙 에 순응하라는 뜻이다. 어떤 결과를 원한다면 그 결과가 나올 원인을 일으키라고 가르친다. 종교적 진리가 아니라 말 장난일 뿐이다. 기적은 없다. 초월도 없다. 당신을 사랑하여, 당신의 운명을 바꿔줄 구원자는 없다. 운명을 바꿀 원인을 내 손으로 쌓아야 운명이 바뀐다는, 불가능을 가능케 만들면 가능하라는 요설이 불설佛說이다. 현실 질서에 대한 무조건적이며 철저한, 희생적인 순응을 하고, 어떤 가혹하고 부당한 처우도 끊임없이 기꺼이 받아들여야 한다고 꼬드기는 속임수이다.

현실에 대한 저항과 개혁은 불교사상에는 없다. 지배계급을 괴롭히고 죄업을 크게 쌓는 짓이기 때문이다. 불교는 현실세계를 개혁하고 민중의 삶을 해방하는 원동력을 내놓지 않는다. 그냥 기다리라고 다독일 뿐이다.

불교의 참선수행은
무위도식이다

6

기독교는 진짜
참선수행을 한다

기독교는 '오직 믿음!'을 외친다. 그래서 인격을 수양하고 덕을 닦는 수행이 없는 것처럼 여기기도 한다. 물론, 새벽기도에 빠짐없이 참석하는 것, 주일성수, 예배 출석, 금주와 금연, 문화적 폐쇄주의를 참선수행처럼 여기는 사람들도 없지는 않다. 개신교와 로마 가톨릭의 뿌리가 동일하다고 보고 수도원 전통과 관상기도를 기웃거리는 사람도 있다. 착각이다.

존재하는 모든 것이 하나님의 창조 때문에 실재하는 것이라면 존재하는 모든 것은 다 하나님의 것이다. 보이는 것과 보이지 않는 것, 생각되는 것과 생각되지 않는 것, 느껴지는 것과 느껴지지 않는 것, 일체의 실재는 다 하나님의 것이다. 고통으로 가득 찬 현실도, 현실적인 삶도, 심지어 지옥도 다 하나님의 것이며 하나님의 권능 아래에 있다. 하

나님을 주인으로 인정하든 말든 다 하나님의 것이다. 그래
서 우리가 하나님의 뜻을 따라 행하는 것이 참선이며 수행
이다. 보이는 예배와 보이지 않는 예배에 대한 충실성이 핵
심이다. 진정한 예배의 삶을 사는 것이 진정한 수행이며 자
아와 삶을 깨끗이 닦는 것이다. "경건," "거룩," "하나님 앞
에서"_{Coram Deo} 라는 관념 가운데 하나를 깊이 파거나 이 세
관념을 파고들면 불교에서 염원하는 '참선수행'의 본질에
실질적으로 도달한다.

불교의 참선수행은
가짜다

붓다는 수식관數息觀 아나파나사띠
이라는 호흡법을 가르쳤다. 그래서 붓다가 후대 불교와
엇비슷한 참선수행을 가르쳤다고 오해한다. 붓다는 참
선參禪 을 가르치지 않았다.

참선수행은 A.D. 5세기경에 남부 인도에서 중국으로 건
너온 보리달마菩提達磨 에게서 시작된 지류인 선종禪宗 혹은
선불교의 수행방법이다. 보리달마의 참선수행법인 달마선

은 약 150년 뒤에 북종선과 남종선으로 갈라졌다. 대승불교를 체계화하고 발전시킨 용수에게서 시작되어 구마라습을 통해 중국에 퍼진 삼론종에 뿌리를 두고 우두선이 생겨났다. 한국불교가 주로 취하는, 화두話頭를 중심으로 하는 간화선은 중국 남송시대에 임제종에서 나왔다.

명상을 통해 궁극의 깨달음에 도달하기 위해, 침묵정진하는묵조선, 默照禪 화두에 의지하든간화선, 看話禪, 참선수행은 중국에서 신선사상과 주술呪術 신앙에 뿌리를 두고 우화등선을 꿈꾸는 다신교인 도교의 방법론을 받아들인 중국식 불교라고 할 수 있다. 그렇다면 붓다의 방법을 버리고 붓다와의 관계를 끊은 셈이다. 남부 인도에서 건너온 보리달마에게서 중국의 선종이 시작되었다고 하지만 A.D. 5세기 무렵의 인도에서는 붓다의 정통 불교는 이미 맥이 끊어진 뒤였다. 잔존하던 불교는 힌두교에 동화된, 변질된 불교였다. 5세기의 보리달마가 인도 남부에서 들여온 것이든 삼장법사 현장이 7세기 초반에 인도의 나란다에서 들여온 것이든 본래의 불교에서 나온 것은 아니었다.

참선수행 : 자기 구원을 위해
출가한 사람을 비출가자가 부양한다

불교는 어디로 가든 토착종교와 쉽게 융합했다. 불교에서 명상수련이 발달한 것은 인도와 중국 그리고 한국의 토착종교에 명상수련의 전통이 깊은 탓이다. 본질적으로는, 불교는 처음부터 자기 것이 없었다. 속이 텅 빈 껍데기뿐이었다. 허망하기 짝이 없었다. 고유의 진리와 방법론이 없으니 남의 좋은 것을 무조건 채용, 습합習合하는 것이 자연스러웠다. 정말이지, 변질과 변태가 정상인 종교이다.

성속이분법적 사고를 기본으로 하고, 출가出家와 탈속脫俗을 숭상하는 종교행태는 현실을 부정하는 염세주의적 사고방식을 배양하는 데서 그치지 않았다. 무념무상, 명상수련, 참선수행은 승려의 무위도식에 다름 아니다. 그런데 비출가자재가신자 즉, 우바새와 우바이를 신도信徒로 인정하고 '보살승'이라는 길을 만들고 구원의 정당한 방도로 인정함으로써 출가자를 부양하는 체계를 발명한 것이 대승불교다.

불교를 숭상하면 나라가 망하고
사회가 피폐한다

고려高麗, 918년~1392년는 불교를
국교國教처럼 후원했다. 사찰마다 전답田畓과 노비寺奴를 풍
족하게 공급해줬다. 노비들이 승려들의 밥을 짓고 빨래하
고 농사를 짓고 나무를 했다. 고려에서 승려는 귀족이었다.
승려들은 경전을 읽고 불교의식을 행하기만 하면 됐다. 불
교는 권력층과 더불어 방대한 규모의 농지를 소유하게 되
었고, 자작농은 계속 줄고 국가경제는 피폐해졌다. 불교의
융성은 고려의 문화 발전과 국력의 신장에, 그리고 민중의
삶에 부정적인 영향을 미쳤을 뿐이다. 무위도식하는 종교
가들만 늘어났고 국력은 쇠약해지고 민중의 삶은 절망적이
되어갔다. 불교가 발달한 나라는 하나같이 그랬다.

A.D. 845년에, 당나라 황제 무종武宗은 고려와 반대로
조치했다. 무종은 불교 사찰을 장안과 낙양에는 4개씩만,
그 밖의 각 주州마다 하나씩만 남기고 모두 없앴다. 불교에
서는 무종의 이 조치를, 무종의 연호年號를 따라 '회창법난'
혹은 '회창폐불'이라고 부른다. 이 조치로 4만 개가 넘는 사

찰이 폐사되고 26만 명이 넘는 승려가 강제로 환속되었다. 승려가 되는 것을 법으로 금했다. 무위도식하는 불교가 번성하면 나라가 망할 것이라고 보았기 때문이다. 이때를 고비로 중국에서는 불교가 쇠퇴했다.

당나라처럼 숭유억불 정책을 편 것은 조선이었다. 조선을 건국한 유학자들은 단지 고려의 흔적을 지우기 위해 불교를 억제한 것이 아니었다. 이들은 본래 고려말기의 강력한 불교전통에서 성장했다. 성장하면서 불교에 심취했고 불경을 깊이 연구했던 불교도가 유학자로 돌아섰다. 걸출한 불교비판서인 『불씨잡변』을 저술한 정도전 또한 그랬다.

조선의 유학자들은 체념과 무위도식이 새로운 나라의 기풍氣風이 될 것을 염려했다. 이미 역사적으로 검증된 걱정거리였다. 국력이 약한 나라가 불교를 받아들였기 때문에 강성해진 경우가 없다. 강성한 나라가 불교를 받아들여 적극 후원했을 때 오히려 국력이 피폐해지고 쇠망한 경우는 많다. 불교국가의 운명은 거의 대부분 그랬다.

불교는 힌두교를 개혁하고자 했으나 오히려 힌두교에게 압도당하고 흡수되었다. 인도에서 불교가 사라졌다. 불교가 번성했던 곳은 이슬람 세력의 진출 앞에 속절없이 무너졌다. 오늘날에도 불교국가들은 국민들의 이기적 다툼과 갈등을 해결하지 못하고 빈국의 대열을 헤어나지 못하고 있다. 오늘날 강대국 가운데 불교국가가 있는가? 없다! 오늘날 불교국가 가운데 복지국가가 있는가? 없다.

기독교는 국가를 흥왕케 하는
원동력을 제공했다

기독교가 들어간 곳은 정반대였다. 근면과 성실의 정신이 사회의 기풍이 된다. 국가가 제구실을 하지 못할 때 사회를 하나로 통합해줬다. 가난하고 소외된 자들에게 자선과 복지의 혜택을 제공했다. 무지한 민중을 교화하고 발전시켰다. 쇠락한 국력을 회복시켜줬다. 기독교가 발전했던 나라 가운데 소멸한 나라는 거의 없다. 오늘날 유럽의 복지국가들이 추구한 복지의 모델과 정신은 기독교 정신에서 나왔거나 기독교 신학에서 자극과 동력을 얻었다. 기독교는 무위도식을 경멸하고 죄악시하는 것에서 그치지 않았다. 기독교가 진출한다는 것은 병원, 학교, 도서관, 농업기술연구소, 고아원, 무료급속서 등이 생겨난다는 의미였고, 신분상승과 발전의 기회가 생긴다는 뜻이었다.

얼마나 역설적인가? 포용과 체념을 가르친 불교사회는 인간의 잔인성을 극복하지 못하고 사회적 통합을 이루지 못했다. 그러나 기독교 국가들은 상호의 차이를 인정하고 다름으로 인한 충돌 속에서도 사회통합을 이룩한다. 미국, 영국, 독일, 러시아, 스위스는 연방체제이다. 스페인과 네덜란드 왕국조차 연방제 경험을 갖고 있다. 유럽의 28개국이 모여 하나의 유럽으로 만들려는 노력과 실험은 1993년에 체결된 마스트리히트 조약 이후 오늘날까지 이어지고 있다. 이것이 기독교 문명의 힘이다.

사회를 통합하고 복된 사회를 만들고 싶은가? 불교를 멀리하고 참선수행을 버리는 것에서 출발해야 한다.

행복한 삶의 주체가 되고 더 나은 삶을 영위하고자 한다면, 불교를 버리고 예수를 만나야 한다. 정의롭고 순수한 삶을 원한다면 참된 말씀을 받아들여야 한다.

붓다는 무용지물이고,
불교는 절망이다

1) 아무도 성불成佛하지 못한다

달마는 붓다가 성불하는데 '삼아승기겁'이 걸렸다는 붓다의 고백을 중국에 전달했다. 아승기는 인도 수학의 수량 단위인데 〈화엄경〉에도 나온다. '아승기'는 '10의 58승'이고, 삼아승기는 아승기를 3번 반복한다는 뜻이다. '10의 8승'이 1억億이다. 붓다는 '10'에 '0'을 58개 붙인 숫자에 다시 3을 곱하는 세월 동안 청정하게 수도한 끝에 해탈하여 붓다가 되었다는 말이다. 달마는 대승불교를 조롱하며 붓다가 되기를 포기하라는 뜻으로 한 말이다.

다른 말로, '백대 겁'이 걸렸다고도 한다. 1대 겁은 4중 겁成住壞空이고 1중 겁은 20소 겁이니, 1대 겁은 80소 겁이다. 따라서 100대 겁은 8천 겁이니, 붓다의 해탈은 43억 2천만 년×8천 '년'의 수행결과다. 간단히 말하자면, 1겁을 한 번 죽는 것이라고 간주해줘도 8천 번을 환생해야 한다.

〈자타카〉라는 원시불경에 따르면, 고타마 싯다르타는

548번 환생한 끝에 득도했다. 〈연등불수기〉에서 고타마 싯다르타는 '수메다'라는 구도자로 살면서 '연등불'이라는 붓다에게서 9겁(388억 8천만 년) 뒤에 붓다가 될 것이라는 예언(수기)을 받았다. 그리고도 2만 년을 더 수행해서 공덕을 쌓아야 했다. 붓다가 해탈했다는 가르침은 환상소설이라는 말이다. 만일 진실한 수치라고 해도 출가수행한 붓다가 이렇게 어마어마한 시간이 걸렸다면 다른 출가자는 더 말할 것도 없고 출가하지 않은 사람은 결코 붓다의 길을 따라가면 안 된다.

2) 붓다의 삼불능을 채워주는 구제불 미륵

붓다는 자신의 과업을 스스로 바로 잡지 않는 사람, 붓다와 인연이 닿지 않는 사람, 모든 사람, 이렇게 세 종류의 사람은 구제하지 못한다는 말을 했다고 한다. 이것은 붓다는 사람의 본성에 직접적인 영향을 미치지 못하고, 자연법칙(인연)을 바꾸지 못하고, 모든 사람을 구원할 능력이 없다는 뜻이다. 그러면 붓다를 따라가면 안 된다. 대승불교에서 붓다를 신격화하려면 이 삼불능 문제를 해결해야 한다. 그래서 〈법화경〉은 여래 삼불능을 붓다의 불능이 아니라 중생의 불능으로 돌리고는, 붓다는 모든 사람을 구원할 수 있다고 말을 바꾼다. 그런데 A.D. 3~4세기 경에 만들어진 미륵삼부경(미륵상생경, 미륵하생경, 성불경)에서는 고타마 붓다가 구원하지 못하는 사람들이 있다고 전제하고, 이들을 구원하기 위해 56억 7천만 년 뒤에 미륵이 '도솔천'에서 세상으로 내려와 설법을 통해 구원한다고 가르친다. 이때 미륵불은 272억 명을 구원하여 '용화세계'를 만들 것이다. 결론적으로, 대승불교는 붓다는 무능력하다고 가르치는 셈이다.

3) 아미타불阿彌陀佛을 믿기만 하면 구원 받는다

석가모니로도 안 되고 미륵으로도 안 되기 때문에 '아미타'가 추가되었다. 흔히 '나무아미타불'을 '부처붓다님께 귀의합니다'라고 얼버무리는데 석가모니고타마 붓다라고 하는 불교의 교조가 아니라 전혀 다른 붓다이다. 그래서 (고타마 붓다가 아니라)"아미타 붓다께 귀의합니다"라고 말해야 정확하다. 아미타는 5겁의 세월동안 청정하게 수행을 쌓은 수도승비구 법장이 48개의 서원을 한 끝에 된 붓다라고 한다.

'아미타'는 '아미타유스'amitayus 혹은 '아미타브하'amitabha 라는 힌두어산스크리트어 말소리를 따라 한자로 옮긴 것이다. 이름의 의미를 옮긴 한자명이 '무량수불'無量壽佛 혹은 '무량광불'無量光佛 이다. 이것은, 기독교의 다니엘서 4장 34절의 "영생하시는 이"Him who lives foever 와 12장 3절의 "지혜 있는 자는 궁창의 빛과 같이 빛날 것이요……영원토록 비취리라," 그리고 "참 빛 곧 세상에 와서 각 사람에게 비취는 빛이 있었나니"(요 1:9) 혹은 하박국 3장 4절 등에서 가리키는 구원자 즉, "영원한 구원자"와 '광명한 구원자'와 동일한 개념이다.

아미타 붓다는 고타마 붓다와는 비할 수 없는 능력을 갖는 구원자이다. 아미타의 이름을 열 번만 부르면 구원받는다. 아미타불의 이름을 부르는 자는 그 이름을 부르는 것만으로도 아미타불의 나라인 '서쪽에 있는 불국토'(서방정토)에 다시 태어난다. 윤회의 고통에서 벗어나 '다시 태어난다.' 고집멸도의 번뇌를 겪지 않는, 아집이 없는, 선한 본성과 빛나는 육신을 가지고 태어나 무한한 수명을 누린다.

원시불교에서는 상상도 할 수 없는 것이, 오직 성경만이 가르치는 타력구원, 구세주, 믿음으로 거듭남과 같은 기독

교적 개념이다. 붓다의 가르침을 버리고 기독교의 영원한
구세주 개념을 받아들여, 전혀 새로운 종교를 만든 셈이다.
불교는 고타마 싯다르타를 버리고, 기독교를 모방했다.

4) '아바로키테스바라'Avalokitesvara를 믿는다

후대의 불교는 고타마 붓다를 신격화하는 것만으로도 부
족해서 붓다가 여럿이라는 다불多佛사상을 발전시켰다. 기
독교 고유의 개념들을 모방했다고 볼 수밖에 없는, 미륵
불彌勒佛, 아미타불阿彌陀佛, 無量壽佛뿐만 아니라 '아바로키테
스바라'를 만들었다.

'아바로키테스바라'를 서역출신의 구마라습은 '관세
음觀世音 보살'이라고 번역했다. '세상을 굽어 살피고 귀를
기울여 듣는 보살'이라는 뜻이다. 그 2백 년 뒤인 A.D. 7세
기경엔 당나라 출신 현장이 인도 나란다 사원에 유학한 뒤
에, '아바로키테스바라'를 '이쉬바라' 즉, '(원인없이) 스스로
존재하는 신神'이라는 의미에 역점을 두고 '굽어 살피는, 스
스로 존재하는 신'이라는 의미로 '관자재觀自在 보살'로 번
역했다. 성경의 '여호와'라는 신명神名, 출 3:12-20을 한자로 의

역한 셈이다.

〈반야심경〉과 〈천수경*〉에서 가장 중요한 신이 '아바로 키테스바라'(관자재 혹은, 관세음)이며, 대승불교에서 '십자재'+自在 까지 발전시켰다. 〈천수경〉에서 관자재를 부르며 호소하는 첫 대목을 기독교의 교훈들과 비교해보자.

千手千眼觀自在菩薩 천수천안관자재보살 : 천 개의 손, 천개
의 눈을 가진 관자재보살님
→ 강한 손과 펴신 팔로 이끄시고 모든 것을 다 들여다
보시는 여호와여

廣大圓滿無罣 광대원만무애 : 광대하고 원만하며 걸림이 없는
→ 광대무한하고 충만하며 전능한

---

* 〈천수경〉에서 아바로키테스바라를 부르는 비는 이 대목의 번역은 김성규, 『천수경강의: 불교의식의 꽃』(지우출판사 · 이사금, 2011), 42-49를 주로 참조했다.

大悲心大陀羅尼啓請 대비심대다라니계청 : 자비심의 다라니
를 청하옵니다.
→ 자비가 크신 하나님께 간구하옵니다.

稽首觀音大悲主 계수관음대비주 : 관음보살의 신주 앞에 머
리숙여 예배하옵니다.
→ 여호와 큰 자비의 주님께 머리 숙여 경배하나이다.

願力弘深相好身 원력홍심상호신 : 크고도 깊은 원력과 상호
또한 거룩하사
→ 능력은 크고도 깊고, 그 존재는 거룩하도다.

千臂莊嚴普護持 천비장엄보호지 : 일천 팔로 하나하나 모두
를 거두시어
→ 펴신 팔은 무한하여 하나하나 모두를 지키신다.

千眼光明遍觀照 천안광명변관조 : 일천 눈의 광명으로 두루
두루 살피시며
 → 광명한 눈으로 모든 것을 살피시며

眞實語中宣密語 진실어중선밀어 : 참된 말씀 속 수많은 베
푸심과
 → 진리의 말씀 속에 신비롭고 불가해한 말씀을 담아

無爲心內起悲心 무위심내기비심 : 하염없는 자비한 마음 끊
임없이 펴십니다.
 → 아무 대가없이 끝없이 자비의 마음을 일으키신다.

  불교의 법문은 성경의 가르침을 빼다 박은 것이 분명하
지 않은가? 대승불교의 아바로키테스바라는, '스스로 있는
자'(출 3:14)는 하늘에서 자기 백성을 살펴보고(출 3:9) 내려
와 강한 팔을 펴사 구원하여(출 6:6, 신 26:8) 이끌어낸, 자비
의 하나님(출 33:19, 시 116:5)이라는 기독교 사상과 일치한
다. 기독교의 이 사상은 B.C. 15세기에 모세가 기록한 첫

5권에 이미 나타난다. 그러나 모세보다 천 년 뒤에 태어난 고타마 싯다르타는 이런 사상을 가르친 적이 없다. 이런 사상이 불교에 나타나는 것은 연대를 아무리 올려 잡아도 고타마 싯다르타가 죽은 지 5백 년 가량이 지난 뒤이며, 신약성경의 결집이 끝나고도 제법 시간이 흐른 뒤이다. 그러니 불교가 기독교를 모방하여 변질된 것이 틀림없다.

5) 불교란. 되면 다행이고 안 되면 마는 사고방식이다

김동리의 소설 등신불等身佛 은 만적선사萬寂禪師 라는 주인공을 등장시킨다. 다른 사람들의 죄업을 없애기 위해 자신의 몸을 태우도록 했으나 그 육신이 완전히 재가 되지 않고 형체가 그대로 유지되었고, 그 자리에 있던 모든 사람의 병이 나았다. 병이 나은 사람들이 자발적으로 돈을 내어 만적선사의 몸에 금칠을 하고 금불각에 안치했다는 내용이다. 이런 내용의 등신불은 실제로는 존재하지 않는다. 실재하는 것은 육신불肉身佛 이다.

신라 35대 경문왕의 친족 김교각金喬覺, 697년-794은 719년에 중국 안휘성 남쪽 구화산으로 출가했다. 75년을 수행하고 죽을 때에 제자들에게 자신이 죽으면, 항아리에 시신을 넣어 3년이 지난 뒤에도 그 형체가 그대로 유지되면 금칠을 해서 보관하라고 했다. 3년이 지난 797년에 김교각의 육신이 그대로 있자 금칠을 해서 육신전을 세워 그 안에 두었다. 이 유명한 육신불은 오늘날까지도 남아있다.

시신을 항아리에 넣어 3년을 보관한 뒤에 항아리를 열었을 때 형체가 그대로 유지하고 있으면 육신 그대로 성불했다고 보고 금칠을 해서 불상으로 만든다. 소위 '육신성불'이나 '즉신성불'卽身菩薩이라는 것인데 죽은 승려의 육신을 붓다와 동격으로 만드는 것이다. 고타마 붓다가 가르친 적이 없고 원시불교에도 없는 사상이다. 당나라 때, 선불교가 도교의 영향을 받아 만들어진 신앙행태로 여겨진다. 불교는, 붓다가 되고 말고는 죽은 지 3년 뒤에 항아리를 열어봐야 아는 즉, 되면 좋고 안 되면 말고, 가봐야 아는 식의 종교이다.

세상을 등지는 종교는 진짜 종교가 아니다. 세상을 품고 세상에 희망을 주고 발전시킬 수 있어야 종교다. 세상을 방임하면서 무법천지로 만들면 진짜 종교가 아니다. 혼탁한 세상을 정의로운 공동체로 바꿀 수 있는 길을 열어줘야 한다. 불교는 기독교와는 달리 진짜 종교개혁이 없다. 기독교의 종교개혁은 단지 교회개혁만이 아니라 국가 및 사회의 변혁이었다. 세상을 바꿀 수 있는 힘과 인재와 기회를 제공할 수 있는 즉, 진짜 종교는 기독교뿐이다.